chili verlag

jutta pillat

die aus der kälte kommen

porträtgedichte

chiliverlag

Im chiliverlag erschienen (Auswahl):
Glasaugenstern, 101 Gedichte von Alex Dreppec
Fassadenflucht, Politische Dichtung der Gegenwart II
suchtraum, Sandra Stubbe, Roman
Herzschlaf, Gedichte und Kurzprosa über Trauer, Trost und Hoffnung
Stimmwirbel – Gedichte, Michel Ackermann
Machen! Silben, Sätze, Sensationen, Marc Mandel
Gatti – Katz'n, 21 krasse Katz'nstories
Kodex Rosebud, Hans-Jörg Kühne, Roman
Kiss Me Cyprus Hell, Miriam Sonntag, Jugendroman
Abschreibungen, Lyrisches und Satirisches von Stefan Krückmann
wir wölfe – Gedichte, Eine poetische Hommage an unsere Tierwelt
Verstummung, Tier- und Naturschutzkrimis
Pappalappa Mirzapan, Gedichte für besondere Kinder
Tanze mit Raketenschuhen – Dance with Rocket Shoes, Wissenschaftsgedichte – Science Slam Poetry, Alex Dreppec
Kammer der Tränen, Vatikanthriller, Ingo-Maria Langen

1. Auflage März 2017

franchili / 53
Gestaltung, Layout, Lektorat: chiliverlag

Detaillierte bibliographische Daten sind unter http://dnb.ddb.de bei der Deutschen Nationalbibliographie abrufbar.

Printed in Germany
ISBN 978-3-943292-55-8 www.chiliverlag.de

ich steh

in dieser
selbstgewählten
acht

es kann mich
auch nicht lösen
das zarte gras im wind

es können mich nicht flößen
die auf dem strome sind

ich lebe mit dem winde
ich schwimme
mit dem strom
ich finde
ach ich finde
und komme nicht davon

Jutta Pillat

inhalt

die oft sehr emotionalen begegnungen mit den in erscheinung getretenen waren von äußerster eindringlichkeit, führten sie doch beim nachsinnen zu äußerungen, die festgehalten werden wollten. das war ein vorgang, als hätte sich „blitzeis" gebildet. es aufzutauen, selbst eigene versuche zum porträtieren zu unternehmen, wäre ein resultat ...

Jutta Pillat

künstler als imaginäre inseln

dichter Ernst Jandl

nach seinem tod
hängen die
sprechbla
einsam
in der lu
ise und laut!

denken beim
sprechen
verbo sagt
vater mach
den wund auf
ich brech dich

„liebervaterbiegmichlieber"

hat sich ausgebiegt
            gebogt

            nichts verbrochen
            nichts gestochen
            nichts mehr lochen
            nichts mehr poch
            nichts mehr koch

        ungebro

die porzellankünstlerin

und ach dieser winzige raum,
in dem sie in die spur von Böttger tritt,
auf der suche nach krönung des weißen goldes

aus kaolin, das geheime gemisch
gießt sie, schneidet und schabt,
montiert und modelliert,

graviert und glasiert
bis hin zum vergolden manchmal.
in ihren händen liegt alles –

brand hält die bewegung fest.
jetzt ist es moll oder cis oder fis.
erstarrte melodie. alle töne in einem guss.

dann diese verletzliche starre, die fragen aufwirft,
nicht einfach nur ein geschirr,
um das es sich rankt wie ein poetischer strom.

einmalige stücke,
die eine idee in sich tragen,
wie sie zerbrechlicher nicht sein kann.

Marilyn Monroe

sie singt von ihren besten freunden,
echten diamanten.
die gefallen ihr gut.

als kind fehlt ihr zärtlichkeit
von vater, von mutter, von verwandten,
Jean Harlow soll sie kopieren

bis eines tages das girl nackt
auf rotem samt posiert –
dafür hat sich ganz Amerika interessiert.

wie sie die unterwäsche in das eisfach legt
und vierhändig den flohwalzer intoniert.
bis die füße ihr wund sind and the heart.

sie spricht mit gold
wiegt sich pink in den schlaf.
alles gut soweit.

bewundernd schauen die menschen auf sie
und ihren lächelnden mund.
die küsse werden teuer bezahlt.

ihr traum von liebe zerfällt.
sie gehört nicht sich selbst.
ihr leben gehört jedem und allen.

um ein wenig Ich zu sein,
belügt sie sich selbst.
nur sehnsucht nach schlaf, taub sein.

den föhn will sie nehmen,
um die nudeln zu trocknen,
so gern hätte sie ein kind.

die menschen fragen nach ihr.
besonders die bosse des filmgeschäfts –
mit keiner anderen ließ sich je

so viel money verdienen.
und Marilyn lächelt bei den niederlagen noch im tod,
Mister President.

H. R., dichter aus Leipzig-Gohlis –

„Über sieben Brücken musst du gehen"

kein prunk, kein ungenaues wort.
ganz schlicht in diesem lauten raum.

immer prüft er am gewicht der zeit,
was ist ehrlich, was gelogen?

was steht uns schlechter zu gesicht?
einflüsse von zeitungsbogen?

mit einem zwinkern wachen blicks
liest er uns seine limericks.

Antigone* ist nah, vertraut.
als hätte sie ihn jetzt umgeben.

nichts ist bei ihm auf sand gebaut.
mit seiner dichtung kann er weise leben.

*„Antigone" ist der Titel des bekannten Sonettes von Helmut Richter

das leben der anderen

so viele gesichter:
blasse und bunte trug er

auf seinen schmal gebauten
zweifel gebärenden schultern.

emotionen stiegen wie heißluftballons auf,
seine wörter tänzelten

bis hoch in den rang,
als er fragte nach dem dritten weg,

ob einer möglich wäre
zaghaft, sanft und bescheiden –

der film, in dem er als beauftragter
menschen ausspionieren soll,

brachte einen OSCAR ein.
sein oder nichtsein war die heisere frage

für ihn –
erst in der hälfte seines lebens.

geiger D. G.

er ist kein fiedler auf dem dach.
er füllt die weltallleere.
sein bogen streichelt sterne –

der atem steht uns still,
wenn seine töne blühn
wie gelbe königinnen nachts.

sein lächeln ist musik.
vertrautsein, sanft versinken
zum bersten hin im feuer,

und trifft ihn unliebsame kühle –
mütze auf die volle lockenpracht
und rocken.

der weltmaler aus Leipzig, N. R.

träume wie aus dem kaleidoskop,
in dem kristalle bei der neuanordnung brechen,
stücke sich zeitlos aneinander reihen,
sie lassen sich schütteln und spiegeln sich mehrfach

als farbiges muster,
welches beim drehen verwandelt
in immer wieder junge struktur.
das ist bewegliches spiel für die augen.

oft ist erhabenes gering und niedriges wächst weiter;
ausdehnungen sind grotesk in ihrem wunsch
nach differenz von leer,
nichts hält sich die waage.

Gulliver und die riesen ergreifen das wort.
manchmal tragen die figuren masken,
wenn sie aus der kälte kommen.
sie klammern sich an den schlips vor der guilliotine.

albtraum fällt zusammen mit der illusion
vom röhrenden hirsch mit dem riesengeweih auf der
ebene in den bergen –
romantisch verzerrt sich das bild von der welt.

die hebelgesetze stimmen nicht mehr.
schweres wird leicht in die lüfte gehoben,
für eben mal heiter befunden.
und schlägt doch auf's herz.

die währung des malers ist die ...losigkeit,
ablehnung des gebundenen seins.
nicht mehr orientieren an etwas,
beschäftigen mit etwas irgendwie.

und doch sind es figuren,
die da erzählen von ihren
fleischlichen und sinnlichen geschäften
im irgendwo.

splitter eben in dem bild von der gegenwart.
farbe und zeichen und strich neigen einander zu
komposition von früher und währendem.
eventuell entsteht daraus etwas für morgen.

rätsel machen stumm.
erreicht es oder ist es
distanz, zerstörung,
ungefähr heilung?
was aus den
unsymmetrisch gebrochenen träumen erwacht.

eine Heidelberger schriftstellerin

sieh, wie alles hinmündet
in die schönheit!
die rose, die tulpe, kirschblüte du.
alles lebt und ist nah.

so wach bleibt nicht alles und jedes.
das ist nicht von ewiger dauer.
nichts ist makellos und ohne stimmungen:

„die schwersten wege
werden alleine gegangen",*
meint sie.

da ist da noch die inspiration,
die mögliche erreichbarkeit meiner töne
an deinem ohr.

zweimal hören.
heißt ihr rat.

*aus „Nur eine Rose als Stütze" von Hilde Domin

Iris Berben liest Anna Politkowskaja

in die haut der ermordeten schlüpfen,
ihre worte zwischen die zähne nehmen,
sie herausschleudern wie pfeile auf das ziel.

von den hinrichtungen, der folter, dem plündern,
vergewaltigung, entführung, dem hass auf alles,
was nicht genehm ist.

wörter mit russischen lauten klingen
wie saubere daten, es gibt keine versprecher,
keine irrtümer in Annas tagebuch nahe dem krieg.

ihr nahe sein. wie Anna selbst sein.
die angst vor dem gift, die vor den schüssen.
die ereignisse beim namen nennen.

deutlich sprechen mit diesem
tickenden,
ruhestörenden schönen mund.

die menschen sitzen gedrängt.

moderner autor

an gedichten schreibt er sich die augen wund.
füllt leere, weiße blätter, grafisch aufgestylt.
jedes jahr ein buch, zum anfang der „saison" –
er macht die leser reich.

das spiel mit sprache als speise des gourmets.
‚bauern mit brosamen. vom vergehen und verderben'.*
durch das nahglas drauf und darunter geschaut.
transparente welt ...

außerdem verfasst er anträge.
begründungen. einen plan,
projekte, dieses jahr zu finanzieren.
er will und muss ja leben.

ein altes fahrrad bringt ihn.
der wohlstand lebt in einem ander'n stadtteil.
oft wurden seine bitten abgelehnt.
wie durch ein wunder klingen seine worte heil.

und trotzdem denkt er immer wieder,
seine verse sind aus purem gold.
wie sie sich wandeln!!
das ist ein bisschen hans im glück.

*aus „Die Saison ist eröffnet" von Ralph Grüneberger

oktober: telefonat mit der malerin A. R.

es geht mir nicht gut, deine frage
die zweite op schon
verdacht auf sepsis
alles mit der linken hand
kein porträt mehr
keinen wald
kein schloss aufschließen
alles links wegen k ...

und dein martinstag und dein zirkus und die
nackten frauen im see?

wenn dir die bilder gefallen
so nimm sie. schreib dazu!
ich muss mich gewöhnen.
die blumen gehen vielleicht noch
die hab ich im kopf
das schaff ich noch
alles mit links

Angelika Rochhausen verstarb im Februar 2017

aus verschiedenen gezeiten

für Luther, den reformator

markige sprüche von ihm kennt jeder,
weniger die hochsprachliche fassung der bibel,
meisterwerk mit mächtigem ziel: verständlich
zu sein für das volk.
Gott verständlich?
Luther verständlich mit seinem thesendruck
gegen den ablass?
Jesus verständlich?
wenn jeder (naturwissenschaftlich bewiesen)
übers wasser laufen kann?

der abstand zwischen
tintenfasswurf und digtitalsmartphone
ist weiter als steinwürfe.
unglaubbare entfernung.
inzwischen nistet sich das hoffen auf wunder,
an übersinn, wieder in köpfen ein.
das geschäft mit der angst ist angekommen,
verbreitet sich,
nimmt globales ausmaß an.
vielleicht sollte ein neuer L. unbedingt wieder
protest an kirchentüren (und auch sonstwo)
schlagen.

im siebenten himmel

immerhin kann er einiges nachweisen,
ein erstes einwohnerverzeichnis,
die armenordnung, die stadtbeleuchtung.

das mittelalterliche taxi, die „sänftenträger-company",
wird eingeführt.
viel hat er erreicht, der rechtsanwalt Dr. jur.

Kurfürstlich Sächsischer Appellationsrat.
gut eingeheiratet. mitgift von 30 000 goldmark ...
acht kinder. der große wurf.

das palais am Brühl verschlingt viel:
feste und reisen und kunst und pracht.
und er macht schulden.

1705 war alles aus für Franz Conrad Romanus.
August der Starke lässt seinen günstling fallen.
gefangen nehmen und inhaftieren.

wegen renommiersucht, vielleicht auch
ein wenig steuerhinterziehung,
verblieb er für einundvierzig Jahre
auf der festung königstein.

die geschichte von einem vertriebenen

eine handvoll erde nahm er auf,
wickelte sie in eine verramschte tüte,
legte sie in die truhe
zu all dem andern kram,
den sie in der not und der eiligkeit
zusammengesucht hatten.

sie mussten raus: raus aus dem land, in dem sie
geboren waren und aufgewachsen
und land bestellt und jedes jahr kristallklaren
schnaps gebrannt hatten
nur für sich.
und schweine geschlachtet.

das war das recht.
war das recht,
sie in die waggons zu verladen
mit dem kleinen jungen auf dem federbett
die reise nach nirgendwohin,
wenn man die heimat verliert.

der mutter wuchs ein kropf am hals
vor lauter unbewältigter sorgen.
der vater verbarg die sehnsucht nach seinem
haus und den feldern und den menschen.
die erde, das bisschen handvoll, legte er beiseite,
das war seine hoffnung.

dann kam die zeit, als der junge schon
eigene wege ging,
die frau sich zum sterben davon gemacht,
da suchte er noch einmal das leben zurückzudrehen,
fuhr in das land, das seine heimat
einmal gewesen war.

dort traf er wieder eine frau.
früher war sie die schönheit seines dorfes,
ihr sollte sein vertrauen gehören.
als sie daherkam des wegs,
waren nicht mehr alle zähne richtig in ihrem mund,
auch an ihr hatte die zeit genagt.

und sie war, was dem alten gar nicht gefiel,
auf eine art geschwätzig geworden,
redete in rätseln, und er verstand sie nicht.
das leben war in der zwischenzeit nicht spurlos
an beiden vorübergegangen:
grau der eine, unverständlich die andere.

nichts mehr war wie damals und früher,
als unter der linde auf dem marktplatz die
kraftstrotzenden jungen sich trafen.
traurig fuhr der alte nach hause.
nicht lange mehr, da war aus dem
eisernen harten mann
ein väterchen geworden.

die sehnsucht nach hause,
die er über die jahre aufgespart,
erfüllte sich nicht.
die heimat blieb vergangen und verschlossen.
und er holte das kleine tütchen erde aus der
truhe heraus, legte es hin,

für alle zu sehen, und er starb.
das bisschen erde,
so lange aufbewahrt,
schüttete sein sohn ihm auf das grab.
ein paar krümel heimat wenigstens.
und es war viel.

Aphrodite

als Aphrodite
möchte ich vor die
minderwertigkeitskomplexe
der städte treten
und ihre straßen
mit träumen auslegen.

rückt auseinander,
ihr häuser,
würde ich denen sagen,
die sich
den platz
wegnehmen.

mit allem,
was Aphrodite
besitzt,
möchte ich manche krümmung
gerade
biegen.

vielleicht brächte ich ein paar tropfen
meer herüber
und würde
vergangenheit
mit salzwasser
ätzen.

erwachende steinfrau

es ist jetzt schwer.
ich weiß nicht,
was bei diesen andern menschen wiegt.

was eindringt unter ihre haut,
was sie unbeweglich lässt.
ich bin nicht sicher.

ich laufe wie mit steinen.
von mir kam doch kein schießbefehl.
ich schütte nach vertaner zeit

mein schweigen aus
so nach und nach und will mich lösen.
von einem lügenberg,

von kalten flussgedanken.
manchmal hab ich dich,
manchmal hab ich mich.

ich meißle an dem bild
der wachen frau aus stein.
es ist nicht leicht.

ketzerin Johanna

und wenn sie mich verbrennen zu Rouen?
ich verbot mir
in männerkleidern
alle gewöhnlichen sünden.

innen meine stimmen
geben befehl,
heilig im herzen
trag ich mein zeichen.

unverwundbar liebe ich
land und leute.
ich ziehe in die schlacht
wider die engländer.

meinem befehl
beugen sich alle.
und kam auch der sieg –
war da

nicht ein könig,
dem mein gesicht nicht gefiel?
mein begehren
ist unehrenhaft.

er pfeift mich zurück;
erhebt anklage.
aber meine lieben,
das ist schon
kein gesicht mehr.

das ist inquisition.
und dabei
kein
engländer.

wenn du mich
in fünfhundert jahren besuchst,
stochern wir gemeinsam
im aschehaufen.

zeugin

das war die zeit, als
die jahrhunderte
aufeinander fielen

ohne besinnung
auf die verantwortung
vor der geschichte.

alle vorhandenen, lange
angesammelten kräfte
brachen gewaltlos hervor

aus dem stau
von tausendeinhundert mauern
und einer nacht.

inmitten des rufens
die andere kerze anzünden.

deutscher schmerzensmann

nach Uwe Pfeifers Lithografie von 1985

Ich bin gezeichnet.
Ich kenne mich nicht gern.
Ich kann nur gebeugt sein.
Ich kann mich nicht reinwaschen.
Ich stehe beschämt vor andern.
Ich bin so anders.
Ich trage schuld.
Ich darf nicht potent sein.
Ich lebe wach in den gedächtnissen.
Ich kenne kein glück mehr.
Ich war in der irre.
Ich werde nicht entschuldigt.
Ich habe mich nicht versehen.
Ich habe die zeit zurückgelegt.
Ich bin allgegenwärtig.
Ich habe auf nichts anspruch.
Ich erdulde.
Ich darf mich nicht davonstehlen.
Ich habe die pflicht zum leid.
Ich schleppe an der last.
Mein verlorenes gesicht.

machbarkeitsstudie

die idee Boyan Slats
ist realistisch:
die hälfte des gesamten
plastiks der
GROSSEN PAZIFISCHEN MÜLLHALDE
zu entfernen.
fördermittel in millionenhöhe –
das erste ozeanreinigungssystem der welt
in der Nordsee,
erst einmal nur hundert meter.
7 millionen tüten.
später zwischen Hawaii und Kalifornien.
es geht schlicht um durchsichtiges leben.
Ikarus oder Lilienthal oder Marie Curie??
wer ist der einundzwanzigjährige,
der holländer, der müllrevolutionär?
ausgangspunkt seiner idee:
nichts und niemand
darf an plastik ersticken!

mir nahes von haus aus

bildnis Gisela

nach einem Bild von Uwe Pfeifer von 1980

meine farben sind andere
als saskias,

bunte sträuße empfange ich
zum ausfechten,

meine tage sind antwort –
niemand fragt nach meiner wehrlosigkeit.

kartenhäuser baue ich
nirgendwohin,

an dieser schwelle ist geblieben:
ich bin wer,

meine haut duftet noch.
was wäre ich wert für die legende?

blauer westfale

das gab es in seiner gegend:
sein haar, sein helles, langes haar,

und nachts

wickelte ich ihn aus dem mantel,
schlürfte sekt aus seinem nabel,

zog den roten mund
an meine singende haut.

groß und stark war er
wie das meer.
er ließ sich nicht kaufen.

oft steckte ein messer in seinem traum.
seine kunst wuchs im zwischenraum.

seine blauen worte gaben licht.
angst vor irgendwem brauchte er nicht.

als er mich traf
am tod.

ein sohn

dies ist die mitteilung über einen sohn,
der eigentlich ein patriot ist und der
gern zu hause, in der heimat,
geblieben wär, bei seinen freunden,
seiner motocrossmaschine
und seinem computerspiel.

er hat sich arbeit
außerhalb des landes gesucht
und gefunden, was er
brauchte und wollte.
weit weg von
daheim und doch nahe
in Europa.

er wird jetzt bleiben
in den armen dieses landes,
er spricht diese sprache schon
und liegt mit der vollbrüstigen frau
aus roten gezopften haaren
im disput darüber,
was in der heimat besser war.

so ist er tagsüber ein held;
nachts träumt er davon, dass
er nur ein stück um die ecke geht,
zu hause eine suppe zu essen.
die leute dialekt reden zu hören,
die schlagzeilen zu lesen,
die man im gleichen moment wieder vergisst.

schwierig, heute patriot zu sein,
ohne grenzen, ohne kriegerische parolen
ohne eigentlichen verlust.
wenigstens trägt man die
farben seines landes im gesicht
wenn es ins finale zieht.
und lasse das fähnlein flattern.

doktorvater

wie leiser wind fegte er durch die korridore.
in der folge: reichlich gedanken.
das besondere bestand darin,
dass er den frei denkenden geist solange
in uns anstieß,
bis ein tornado sich unsrer erbarmte.

er selbst war windsbraut,
immer davonstürmend auf seinem gebiet.
er mochte keine menschen,
die durch den wind waren:
er erwartete etwas von dir.

menschlich, anständig,
milde urteile fällend.
solche adjektive waren selten geworden.
auch in zeiten, in denen sich alles änderte,
blieb er so.
sein mäntelchen brauchte er nicht
in den wind zu hängen.

Vater

mein vater war kein held.
er trug ungleich,
was solche anders trugen:
das kleid des eifers.

in diesen tausend jahren
wuchs auch in ihm die angst.
die viele heimlich mit ihm sangen.
ihn rettete davor Chopin.

die blonde herrenshow,
die sich mit Hennessy
in großen schlücken maß,
trieb heitres impromptu

wie krähenscharen
in Versailles zusammen.
wer sollte da noch glauben, dass sie barbaren
von angeborenem stande waren?

mein vater war kein held.
es trieb ihn nicht zu waffen.
er musste schweigen über dem,
was seine töne spielend formten.

Mutter

schöpferische synthese
kreolisches haar
schwedische augen
in derbgelber sächsischer landschaft.
unarisch

kein dank an
die braunen töpfe
in denen sich der
große gram zusammenrührte.
gipfelsturz

grasgedanken wachsen
über den kleinen
den ständig
zu säubernden
suppentopf

hinaus. mit der schöpfkelle
erstickt sie
ihre wichtigen
unendlich großen harmlosen wünsche.
liebesentzug

im hexentanz
der zänkischen pfeile sucht sie immer ihr ziel.
kein violines lächeln
versüßt diese
miene.

und noch einmal
einer, dieser schuss.
schließlich
erlösung in weiß.
ende im

gärungsversuch.

eine gläubige

lange litt sie an irrwegen.
spät fand sie zu gott,
der hatte beinah schon im paradies
die rolläden heruntergelassen.
geh aus mein herz und suche freud ...

sie schenkt liebeworte auf allen wegen.
an den papst und dem bischof schreibt sie
rebellische briefe.
wenn die räume zu eng sind,
fällt sie aus der demut ein wenig heraus.

zu lourdes suchte sie wunder.
bei side betete sie in der moschee.
auf der wartburg hat sie luther besucht.
an ihrer klagemauer steht sie nicht selten:
mit einem gott ohne waage.

abstammung

ursprungsname: Judith,
die einstmals Holofernes den kopf abschlug,
nachdem der ihren körper besessen.
es war ihr heiliges ziel,
nach seiner vernichtung
ihr volk vor dem verderben zu retten.

ich bin nicht gleich Judith.
bin weniger star.
als solche beklage ich den tod meines mannes.
der dachte, dass frau und
gesellschaft ihm treu seien.

nach und nach entleibte er sich selbst,
indem er den glauben an alles,
was ihm teuer war, verlor.
ich hielt traurig bei seinem kopf die wache,
bis er versenkt war.

später erwartete mich glück.
da war einer, der besaß statt eines hofstaates
einen bunten, blühenden garten.
nachts wärmte ich, berührte zärtlich seine schläfen.
ich verstand mich als das gegenteil von Judith.
war das nicht fast so viel wie ein volk retten?

der vertraute

er hat platz genommen
gleich unter den sternen.
bei abnehmendem mond öffne ich ihm die bretter,
die meine welt bedeuten

er darf mein löffelchen benutzen und mein
brötchen aufbacken
und manchmal leckt er die schüssel aus,
das sehe ja nur ich.

also alles wie bei schneewittchen.
zum glück
kann die schwiegermutter
keine giftigen äpfel mehr verteilen.

jemand fehlt

wellnesstempel, kurpaläste
vor dem künstlich angelegten wald.
reichtum fließt hier
zwischen blüten und gelassenheit.

schlichter prunk an straßenecken,
schräge, wichtige skulpturen,
heilsam jene therme –
wärme in den vielen wässern.

nirgends hier ein bettler,
null musikant mit schrägen tönen.
hier doch nicht! nicht unter brücken
mit venezianischem geländer.

er fehlt, fehlt ohne angabe
von gründen.
fehlt?!

reisen und warten,
warten und reisen

am wilden strand von Obzor

weg von den tempelburgen von sunny beach,
flucht in den norden,
wo der endsommer leere beschert.
der ort war verlassen.
in ruhe wusch ein bulgare sein auto mitten
auf der straße.

in der teeteria im freien unter den drachenköpfen
gab es die gelbliche mischung aus grünen
JACOBStassen.
ansichtskarten kamen ohne stamp nur die hälfte.
im sand war der einzelne fußtritt sichtbar.
meereskrabben, die angeschwemmt um ihr leben
zuckten,

und muscheln, wir fanden eine größere,
in der eine kleinere
gefressen zu werden schien.

sollten sie ums überleben kämpfen.
bei der wilden rauschenden brandung
hätte ich liegen können bis ans ende meiner tage.

das gesicht des lastenfahrers

durch die straßen wippen tänzerinnen,
sich sanft in den hüften wiegend: das ist Istanbul,
dachte ich.

und alles war anders:
nur wenige mädchen habe ich auf den straßen
gesehen, mehr
straßenverkäufer, von denen einer den andern
überschrie, und wenig traumhaft anmutende socken
und hosen, die menge.
besser schon der duft von den kleinen gebratenen
fischen in den pfannen am straßenrand.
die dönerverkäufer lockten nach anbruch der
dunkelheit, es war ramadan,
sie wussten um den wert ihrer ware.

bist du aus Russland oder Bulgarien,
bist du von hier und hast du denn geld?
schmuck und pelze boten sich in hülle und fülle
dem auge, und wer reich ist, kann sich
fünf meter hohe dekore leisten.
überall sirrte die polisia –
einmal wurde einer in die mitte genommen,
in der nähe des bahnhofs, wo früher
der Orientexpreß abfuhr.

die kalifen spazierten im anzug vorbei
im viertel sultanachmed;
im café saß jeder, der auf sich hielt,
im kreis seine bekannten.
wir fuhren von Europa nach Asien und wieder zurück.

auf jener anhöhe, als die hängebrücken
gut zu besichtigen waren,
dröhnte schallend das gebet vom nächsten minarett
herüber.
es hat dich etwas berührt,
welche saite deines gefühls auch immer.

dabei weiß man nicht, was einen in Istanbul mehr
beschäftigen soll:
die langgezogene, nicht endende stadt
oder die menge der gläubigen menschen, die
die straßenbahnen füllen
oder der trennungstrich des meeres, der sich blaugrün
kristallklar dahinzieht und
der stadt das atmen lässt, auch dem lastenfahrer,
dem die ballen das kreuz fast erdrücken.

angstverzerrt ist sein gesicht,
aber Achmed darf bergab nicht
aus dem rhythmus kommen.
auch nicht bei seltenen mädchen mit kopfschmuck.

ein bild von sich

auf dem hinflug schon
steigende temperaturen.
auf der insel die suche
nach der noch einsameren halbinsel.
nur ja meeresblick
mit der unwegsamkeit –
das felsige geröll,
auf das wellen klatschten,
suche nach dem ausweg ins alleinsein.

Portals Vells und El Mago,
strände so winzig,
steinwurfweit
bis zu jener bucht,
als der weg nicht mehr weiterging.
wir saßen oben
und schauten leise
den einander jagenden möwen zu
und dem aufgehenden mond,
wie er langsam den wolkenschleiern entfloh,
bis er klar war, ganz klar.

dieser mensch wollte
ein bild von sich und der brücke des felsens
über dem meer.
gefährlich bäumte sich darunter die gischt.
möglich, dass ihn dieser
oder jener spritzer traf.
so sieht vielleicht mut aus.
statt discoklängen überraschte uns
der fast rechteckige spanische ort am meer

mit dem bellen von drei dorfkötern.
das waren die soli von Sa Rapita,
nachtgesang und begrüßungskomitee.
in der kleinen pizzabude an der ecke
servierte uns der kellner frische sardinen,
eigens gemacht auf dem heißen stein.

dieser geschmack nach salzigem fisch
und frischer luft öffnete unseren atem.
alle philosophien und künste vom schönen mahl
vereinigten sich in der anwesenheit der fischer,
die warteten schon auf die saison.

umriss rapsfeld

leuchtender duft von wallendem, fiebrigem gelb,
der uns drängend entgegenschlägt,
überall ohne rast nur das eine: raps.
getreidesaat hat sich rar gemacht.

grau, das sich schlängelt als grenze zum horizont.
braune flugwesen vor dem sturz in die habgier.
irgendwo ein übergang in dröhnendes blau,
mit kaltem silber belegt. kompositionen von wasser.

dahinflatterndes wolkenweiß über mir:
sturmerprobt, reißfest, lichtwogen ausstoßend.
da ist der allesumspannende, versöhnende himmel.
regenbogenblick. und dieses feurige gelb.

im vorbeigehn Paris

wieder nur mit dem blick den Eiffel hinauf,
mehr ist nicht zu schaffen in zwei tagen,
das lassen freiheitsstaue und brückenadler nicht zu,
vom schiff aus diese rück-vorn-seiten-einsichten,
dieser park vor dem Louvre
mit der reitenden Johanna in gold,
die überlebensgroße metallene spinne,
die aus ihrem insektensein über sich hinauswächst.
wasserflaschenverkauf unter aufsicht der polizei,
in der oper dirigiert Zagrosek, las ich.
im Lafayette schimmerte alles herrlich
brombeerfarben –
über den dächern der stadt,
erst an der Sacre Coeur spielte die zither,
wieder nicht lange genug den malern am Montmartre
über die schulter geschaut: jedes motiv einer
straßenecke war wie ein kuss von dir!
merci, Place de Concorde, mit den wasserspritzern,
beinahe wären wir unter die räder gekommen bei
dämmerlicht über dem fluss
s'il vous plaît, in der boulangerie ein baguette,
blumen vor dem justizpalast –
frühling in Paris!
ich kaufe eine uhr zum begreifen von zeit.
pardon, nicht mal ein quentchen tiefsinn in der metro.
noch immer wartet Mona Lisa im café auf mich –

jauchzend und bestürzt

die glocken vom rathaus in Oslo,
welches lied sie jetzt, zwölf uhr, spielen?
vor akker brygg stehen die kähne,
die fähren:

wen sie wohl hinübertragen,
gleitend auf dem wasser und friedlich im wind,
seitwärts die waldigen inseln, die kaum
erwähnenswert aus dem fjorde ragen,

als würden sie wie schwarze rallen
jederzeit abtauchen wollen,
und überall diese leise landschaft.
colorkreuzer:

übermächtige bonbonschachteln,
verborgen die vielen passagiere
mit erlebnishunger an bord.
ach leben, norwegisches leben in lachs,

am hafen der frische fisch,
den man fachmännisch zerteilt,
und die portionen für die mahlzeit
in siedendes meereswasser legt.

preisträger präsentieren sich glamourös:
norwegische kunst ist berühmt,
musik von Grieg, gemälde von Munch.
der könig im schloss lebt nah den spaziergängern.

dann die insel: Utoya.
so schnell, so ohne umschweife,
dem gnadenlos wütenden meuchelmörder B.
fielen sie zum opfer:

mädchen und jungen.

elektrisierende situationen

politische schönheit

vielleicht ein andres leben?
etwas mehr wichtig, vollkommener als das jetzt,
wäre das ziel gewesen.

für hunderte und mehr,
die diesen weg im viel zu kleinen boot
mit hoffnung angetreten hatten.

im mittelmeer ereilte sie
der letzte atemzug.
niemand erhörte ihren schrei.

und diese eine, mutter war sie,
wurde jetzt hierher geholt,
in unsre mitte.

der rote teppich über ihrem leib.
als trüge ihn eine königin.
gerade war sie fertig mit dem stillen.

sie war wie andere ertrunken.
rasch und reibungslos.
das schiff glich eher einem floß.

es riss sie abwärts
in den strudel, der hilferuf blieb ungehört.
wessen ruhe hätte man gestört?

nun liegt sie aufgebahrt hier in der fremde.
viele seufzer begleiteten sie jetzt.
sie war die nachbarin, die bei mir wohnen wollte.

lasset ihn gehen, lasst ihn ungehindert laufen,
lasst ihn an uns vorüberziehen.
den marsch der toten flüchtlinge.

tanzende Johanna

für das Solo von Tina Slabon

im lang wallenden kleid
durch eine erdachte pforte schreitet
sie aus dem gefängnis heraus
wie eine göttin in weiß

als wären fesseln nichts –
spitze füße, die trommeln den boden
der dünne leib ist taumel
reckt sich nach oben

hände weisen zum himmel:
unschuldiger flug einer erwachenden
hin zu gütigen, gerechten
wahren stimmen

ein siebzigjähriger

das ist der mann,
der sich jetzt auskennt mit autophagie:
zellen fressen ihren müll auf.

grundlegender meilenstein in der zellbiologie –
die strategie der zellen
besteht im abbau von zellmüll.
vielzelliges leben ist ohne entsorgung und
wiederverwertung
dauerhaft nicht möglich.

wer infekte hat, dessen zellabbau
wird verstärkt betrieben,
was dem krebs nützt oder schadet,
alzheimer oder diabetes,
wird sich im nächsten schritt finden.

wichtig zu wissen ist um die
beeinflussungsmöglichkeit
der auflösung lebender zellen im körper.
hallo, Yoshinori Osumi, Nobelpreisträger!
dieses ergebnis ist phänomen und wunder!
dabei war es erst einmal nur hefe ...

der leukämiekranke

kuckuck, sag mir doch, wieviel jahre leb ich noch?

er weiß es lange.
die müdigkeit, die fehlende energie.
die ärzte verordnen ihm medikamente,
davon könnte man dreimal am tag nach Mallorca
fliegen.

an manchen tagen ist er missgelaunt, wenn
ihm die luft knapp ist und die knochen so schmerzen.
er wirkt blass.
dann denkt er ans sterben, das ihn plötzlich überfallen
kann.
gegen solche gedanken will er sich wehren.

er läuft weite wege, fährt mit dem rad auf vielen
straßen.
bis kurz vor der spitze des dreitausendmeterbergs Pic
Teide war er,
dann blieb der atem weg und die beine versagten.
der sauerstoff wurde knapp.

das war eine warnung.
jeder dachte, das ziel nicht erreicht.
nun verliert er den mut.
jetzt verlegte er die anstrengung auf das gefälle
vom Jakobsweg. pilgern nach
Santiago de Compostela.

der muschel nach, dem gelben wandersymbol,
den weißen blutkörperchen zum trotz.
am dienstag fuhr er ab für einige wochen.
nur wenige sollten es wissen.

den rucksack geschnürt mit nur einem mal wäsche.
er will gelassenheit lernen. seelische tiefe.
schmerzen und abschiede hat er verlegt
auf später.

vor einigen tagen sah ich ihn,
wie er seinen enkeln für den kuchen aus sand
das echte gemisch
bereitete.

kuckuck, sag mir doch.

ein samurai

nach einer Radierung von Madeleine Heublein, 2000

dieses gesicht mit augen,
einer angedeuteten nase,
aber ohne einen sprechenden mund,
erträgt es peitschenhiebe?
kein schwert, kein traditionelles kleid in der nähe;
ist es der shogun, der die fasstrommel rührt,
viele haiku schreibt und sich in
kalligraphischer schrift übt?

ist es der, der aus dem fußvolk aufgestiegen,
sich einen namen gemacht?
oder schlägt ihm
der hunger wegen drohender verarmung ins gesicht?

der brotgeber
hat ihm seine gnade versagt
und seine mittel gekürzt?
es blieb ihm nur ein krieg gegen den kaiser,
damit er dem kaiser diener bleiben kann.

krieg spielt sich im gesicht ab,
in den verdunkelten augen,
dem sich verschließenden mund.
und darüber gehen
pfeifend die peitschenhiebe
vom leben,
vom bedrohtsein,vom notwendigen vergessen der
angst.

mein freund folgt mit den augen dem flug der vögel

neulich der kormoran,
abtauchend ins Schwarze Meer
nach einem fisch oder fressbarer beute
tief unten bis nicht mehr sichtbar –
kommt er denn wieder
überhaupt?

dann rudert er emsig empor,
die weiße markierung leuchtet.
der stein aus dem wasser ist sein rastplatz,
bis sein gefieder trocken und fliegbar wird.
abwarten.
bis zum nächsten mal.

man kann auch dem kormoran
einen ring
um den hals legen.
dann speit er den großen fisch aus.
das ist eine methode
des fangs.

es ist nicht klar, ob man die art
jagt oder erhält, ihn leben lässt oder missbraucht.
immer diese offenen fragen.
sicher, es ist ja kein
schwan.

kleines

minimale spermie aus dem eis trifft ei,
wird eins mit ihm
im mutterleib –
und wunschkind.
langsam wächst es,
wird körper, mensch mit arm und bein.

ist es paul?
oder mathilde?
kind lebendig, wild
beim zutritt in die welt.
geliebt. gekost. genährt.

dann gibt es mühen.
ungeduld.
den ersten klaps.
später die schläge.
wutkind.

schluchzen und schrei, verlassen.
WARUM HAST DU MIR NICHT GEHOLFEN?

ob denn der same
nicht besser dort
im eis geblieben wäre?

hochstand

als ich eines tages
„die Elbe hat hochstand!" sagte,
obwohl der Rhein in der nähe war,
nur sehr neu, fiel etwas auf.
ich musste mich erst an seine gegenwart gewöhnen.
und er sich an mich.

das war so schnell nicht getan.
dabei fuhr ich auf dem Rhein mit dem schiff,
auch an den ufern zum DEUTSCHEN ECK,
bis die Loreley singend auftauchte,
es war mir so, als müsste ich die hand ausstrecken und
almosen sammeln, weil ich so fremd war.

die reise währete sieben jahr
und ich lernte in psychokneipen und im mietshaus
viele Rheinmenschen kennen. meine hauswirtin
verstand etwas
vom heimweh ihrer gastarbeiter,
als ich sie zum kaffeekränzchen chauffieren durfte.
– kuchen geschenkt.

mit der straßenbahn vorbei an den verwitweten
hauptstädtern,
den Bonnern, die es gern geblieben wären.
dort unten in Königswinter wohnt
eine gute freundin, die mir den mut
gerettet, noch ein weilchen dem leben
ins auge zu blicken.

überhaupt ins auge:
der zahnarzt in Köln in der Schildergasse
verrichtete gründlich seine arbeit
er zog mir nicht nur einen zahn,
mit dem ich seit der revolution kräftig zubeißen wollte.
erst nach einem besuch in der hauptstadt,

nachdem ich die exteilung besichtigt hatte,
war das schlimmste überstanden.
leben am rhein. mit dem gepräge einer wurzellosen.
meiner jetzt unbekannten geschichte.
ich hatte die falschen götter im kopf.
die suche nach hierzulande angesiedelten war neuland.

das haus der geschichte reichte nicht aus für
erfahrungen.
auch nicht die gemälde in der sammlung Ludwig,
der weihnachtsmarkt vor dem dom.
erst mit dem auflesen der kamellen
begann so etwas wie vertrautheit
mit dem land hier am Rhein.

und dann auch noch eine westdeutsch sprechende
liebe,
die blind macht.
spazieren am Rhein war wie funkeln des abendrots,
und überhaupt: der halbe hahn schmeckte wie
entenbraten
und das kölsch
soff sich süffig.

Deutschland im liebesdelirium.
trotzdem war es die wahre wahrheit,
als ich eben zu ihm sagte,
dass der Rhein ein schöner Elbefluss sei.
und es schön wäre, wenn die Frauenkirche einstmals
wie der dom über den fluss weit hinaus ragte.

phänomenale aussicht, sagte die liebe,
und gut, dass du russisch kannst, und er lernte von mir,
wie schwierig es ist, lublju zu sagen,
es gibt sicher kein wort im rheinländisch-deutschen,
wo l und j eine verbindung herstellen.
ich liebe den Rhein. ja, lublju etu reku Rhein.

hier kannte kein mensch diese laute.
wenn ich auf meine herkunft zu sprechen kam,
winkten die leute im Ruhrgebiet, im süddeutschen
und im friesischen raum nur ab und meinten, das wäre
nicht der rede wert.
manchmal zündete ich eine kerze
in der kirche an und dachte,
sie leuchtet zum neunten oktober.

die hinzugewachsene heimat. in der ich leben wollte.
gern. nur schwer hineinfand. suchte.
es lernen wollte, dass der fluss hier nicht die Elbe war.
es war der Rhein, die lebensader, der kam und floss
und oft auch mitriss,
der nicht immer ungefährlich über seine ufer trat.
und doch befuhr ich ihn.

tagtraum

nach der Farblithografie „Tagtraum 4“ von Uwe Pfeifer, 2010

alltäglich packt mich angst,
die anspült wie brackiges wasser,
ungeachtet des moments
greift sie an haut und haar,
schüttelt, bis ich ohne besinnung bin.

verschieden ist das warum:
verlust von gesicht oder hab und gut
oder auch von emotionen.
immer wieder gibt es gute gründe.
eigentlich will ich den vorgang verhindern.

derweil spiel ich das lustige kaschperl,
stehe rückwärts aufrecht meinen mann,
springe und arbeite unruhig hin und her,
ganz ohne befehl. auch das lieben ist schon auf einer
tierischen stufe angekommen.

immer so veredelt geschmückt,
woran soll das gemüt sich wärmen?
als scheuer hase, der gerade mal ein paar haken auf
dem weg zu schlagen vermag, er besitzt keinen
elektroschocker –

ergreife ich die flucht vor dem ausgestellten geflatter.
am besten, man trägt mich überhaupt weg
im immer noch nach holz duftenden kantigen geviert,
damit mich nicht noch der panther, die angst,
zerfleischt.

so sitze ich, träume ich
auf meiner luftschaukel vor mich hin,
bis wohl wind kommt.

porträt vom tanz der toten

nach einer Farblithografie „Totentänze" von Uwe Pfeifer, 2008

der tod gibt diesen tanzkurs,
ein aus der stille ausbrechendes fest,
er zeigt die schritte, führt vor,
wie es zu neigen, zu wiegen, zu schmiegen hat.
körper eng zusammengepresst,
hand greift am Bein,
skelett reibt am strumpfrand.
totenparty, mit langen schatten
ist bis in den morgen hinein zu tun.
die sich sehnende musik,
die ins dunkelrote geht –

schmerz und auch blut sitzt im tango,
bedrohliches einsamsein,
erinnern an sich nähernde gelbschmierige not.
in der umklammerung mit dem partner tod
ziehen die paare runden, improvisieren schwerelos,
jeder tanz ist individuell.

so tanzt die gesellschaft,
die von der ruhe aufsteht,
selbst der papst sprach von sünde.
diese lust! ach tod, wer alles sehnt sich nach dir?
wie sehr bist du am leben?

crash

es hat mich erwischt.
ich muss aus dem manöver aussteigen.

auf den bilanzen lagen
die knüppel und steine,
die ich vorausgeahnt.
die zeit ist so.
vager trost.
du hast eine rolle oder keine.

ich lebe jetzt
unter dem zwang der auferstehung.
flicke an meinem markengewand.
mein neuer name: konfliktlady?

wie nennt man heute
einen menschen, von dem es keine akte gibt?
leute ohne vergangenheit sind unpersonen.

darüber möchte man
am liebsten schweigen.
keiner will es hören.

wenn ich doch wenigstens
ein blauer hund wär ...

Die Autorin

Jutta Pillat ist gebürtige Leipzigerin und wohnt auch dort. Sie arbeitete als Lehrerin und studierte am Deutschen Literaturinstitut Leipzig. 1990 promovierte sie über „Lyrisches Gestalten" an der Pädagogischen Hochschule Leipzig. Sie veröffentlichte zahlreiche Lyrikbände und ist regelmäßig im Poesiealbum *neu* der Gesellschaft für zeitgenössische Lyrik e. V. vertreten.

wir wölfe – Gedichte
Eine poetische Hommage an unsere Tierwelt
Anthologie, Hrsg. Franziska Röchter
Mit Fotos von Heike Großmann und Christine Zeides
chiliverlag, Juli 2016, ISBN 978-3-943292-45-9
148 Seiten, Euro 9,90

Annähernd 60 Autorinnen und Autoren, unter ihnen Michael Starcke, Peter Ettl, Esther Ackermann, Thomas Rackwitz, Sören Heim, dichten über die Vielfalt und den Artenreichtum unserer Tierwelt. Aus den Gedichten und den Fotos von Heike Großmann und Christine Zeides spricht eine große Wertschätzung gegenüber Tieren und ein Erkennen ihrer unglaublichen Einzigartigkeit sowie Bewunderung ihrer Schönheit.

Mal humorvoll, zunehmend aber auch ernsthaft werden Besonderheiten einiger Tierarten und Wissenswertes poetisch beleuchtet und ihr Dasein in Relation zum Menschen bespiegelt. Mit Gedichten des Anfang 2016 verstorbenen Bochumer Lyrikers Michael Starcke.

Pappalappa Mirzapan – Gedichte für besondere Kinder
Anthologie, Hrsg. Franziska Röchter
Mit einem Nachwort von Bernhard Winter
chiliverlag, November 2016, ISBN 978-3-943292-49-7
80 Seiten, 8,90 Euro

Rund 35 Autorinnen und Autoren, unter ihnen Alex Dreppec, Bernhard Winter, Jürgen Völkert-Marten, Elisabeth Drab u. v. m. schreiben Gedichte für ganz besondere Kinder.

Dieses ganz besondere Büchlein gibt Eltern Gedichte an die Hand, um ein Sprachverständnis selbst bei denjenigen Kindern und Jugendlichen zu fördern, von denen man annimmt, sie hätten nicht die nötigen Voraussetzungen, um Gedichte zu verstehen. Ein wunderbarer Band zur spielerischen Unterstützung von Sprachanbahnung und entwicklung bei Spezialkindern, aber ebenso bei allen anderen Kindern, die Klang, Rhythmus und Stimme genießen und an Versen und Reimen Spaß haben. Mit einem Nachwort von Bernhard Winter, psychologischer Psychotherapeut und Lyriker.

Alex Dreppec, Tanze mit Raketenschuhen – Dance with Rocket Shoes: Wissenschaftsgedichte – Science Slam Poetry
chiliverlag, November 2016, ISBN 978-3-943292-50-3,
180 Seiten, 12,00 Euro

Die vorliegende Zusammenstellung von Gedichten, die sich mit wesentlichen Gebieten wissenschaftlicher Disziplinen beschäftigen, um diese durchaus humorvoll zu durchleuchten und zu hinterfragen, ist absolut einzigartig.

The present compilation of poetry, which is about essential fields of academic and scientific disciplines in order to examine and question them in a humorous way, is absolutely unique.

Teile der vorliegenden zweisprachigen Sammlung erschienen vorab in angesehenen Zeitschriften wie „Cincinnati Review", „Notre Dame Review" (USA), „Orbis" (UK) oder „Das Gedicht". www.dreppec.de

Parts of the present bilingual collection were previously printed in renowned journals like „Cincinnati Review", „Notre Dame Review" (USA), „Orbis" (UK) or „Das Gedicht" (Germany). www.dreppec.de